MANAGEMENTUL PRIN OBIECTIVE

Obținerea celor mai bune rezultate de la angajații dumneavoastră

50MINUTES.com

MANAGEMENTUL PRIN OBIECTIVE

Obținerea celor mai bune rezultate de la angajații dumneavoastră

scris de Renaud de Harlez
tradus de Alina Dobre

MANAGEMENTUL PRIN OBIECTIVE

- **Numele:** Managementul prin obiective (MBO), Managementul proiectelor, managementul prin rezultate

- **Utilizări:** Modelul este utilizat în lumea afacerilor de către directorii de resurse umane, directorii de vânzări, directorii operaționali, directorii de proiect, consultanții interni și externi etc. De exemplu, acesta permite:

  - managerii să stabilească obiective precise pentru sarcinile viitoare din cadrul întreprinderii, să analizeze rezultatele și să acorde recompense în funcție de performanță;

  - colegii să își stabilească singuri obiective de performanță.

- **De ce are succes?** Acest stil de management este eficient deoarece oferă managerilor un cadru pentru a negocia cu angajații, pentru a stabili un curs de acțiune și pentru a stabili obiectivele care trebuie îndeplinite. El aduce claritate în întreaga ierarhie a companiei. De asemenea, atunci când un angajat este de acord să i se încredințeze obiective mai complicate, acest sistem duce la un nivel superior de performanță în comparație cu cei cărora li se dau obiective mai simple.

- **Cuvinte cheie:** Management, obiective, tehnici de management

Managementul prin obiective a apărut în contextul creşterii economice. Organizate în mod deficitar în prealabil, multe companii americane au cunoscut expansiunea şi descentralizarea începând cu anii 1950. Acest lucru necesită regândirea structurii lor.

Procesul MBO a fost stabilit de Peter Drucker (teoretician austriaco-american al managementului, 1909-2005), în timp ce observa organizarea unor companii precum General Motors. În 1954, el a publicat lucrările *The Practice of Management*. Unul dintre capitole, *Management by Objectives and Self Control*, oferă prima definiţie a modelului. Cincisprezece ani mai târziu, John Humble (un consultant englez) şi-a adăugat contribuţia la model, oferind o metodă MBO.

În cele din urmă, Octave Géliner (economist francez, 1916-2004) a oferit propria sa versiune de MBO: Management participativ prin obiective. Aceasta se bazează pe trei elemente: cunoaşterea obiectivelor, structura şi procedurile de participare. În prezent, MBO a căpătat o nouă formă şi a devenit un sistem de management, nu doar de organizare.

👁 DEFINIȚIE

Managementul prin obiective (MBO) este un proces prin care conducerea și angajații definesc obiectivele și negociază acțiunile și termenele necesare pentru a le atinge.

MBO este un instrument de care dispun managerii pentru a crea un cadru de negociere cu angajații. Acesta este conceput pentru a stimula performanța unei organizații, transformând obiectivele colective în obiective specifice și precise, de care beneficiază atât unitatea organizațională, cât și angajații individuali. Rezultatele sunt revizuite periodic, iar indivizii sunt recompensați în consecință. Acesta este singurul proces de management care îi împuternicește pe angajați, deoarece MBO le permite acestora să preia responsabilitatea organizării propriei munci într-un mod care li se potrivește. Atunci când angajații iau parte la stabilirea obiectivelor lor, sunt mai motivați și se asigură că își ating obiectivele.

TEORIA CONCEPTULUI

CINE ÎL FOLOSEȘTE?

De la manageri până la directorii executivi (în diferite sectoare ale managementului, cum ar fi marketingul, finanțele și resursele umane), toți cei care ocupă o poziție de conducere pot instala managementul prin obiective în cadrul organizației lor. Așa cum am menționat anterior, MBO este procesul prin care conducerea și angajații definesc împreună obiectivele și negociază mijloacele și termenele necesare pentru a obține rezultate.

Apărut din opera lui Peter Drucker, MBO și utilizarea sa variază considerabil în funcție de autorul care l-a conceptualizat.

Au fost stabilite două versiuni:

- MBO poate fi interpretat într-o manieră "tehnocratică", concentrându-se pe obiective financiare. Totul se concentrează pe veniturile din vânzări, pe costuri sau pe bugete. Fiecare departament își stabilește propriile obiective numerice. Atunci când unul dintre aceste obiective nu este atins, vina revine managerilor – în acest caz, managerilor și direcției generale a MBO – fără ca alte obiective să fie puse în pericol. De exemplu, acestea pot fi stabilite în timpul elaborării bugetului: Fiecare departament își poate stabili propriile obiective precise, care vor fi revizuite într-un interval de timp stabilit (de exemplu, trimestrial).

- A doua versiune a MBO se concentrează pe relațiile manageriale. Aceasta implică crearea unui aranjament formalizat între manageri și angajați. Provocarea cu MBO în acest context este că nu stabilește obiective și nici măcar nu oferă un plan general. Acești doi factori sunt mai degrabă o bază de evaluare a activității desfășurate între manager și angajați. În acest caz, aplicarea MBO este rezervată unor sectoare precum cel al resurselor umane, unde nu sunt necesare obiective precise. Interviurile (organizate de comun acord) includ timp special pentru a discuta despre obiectivele angajaților și despre obiectivele care nu sunt neapărat stabilite, având în vedere strategia globală a întreprinderii și viziunea sa inițială. Ele sunt stabilite în funcție de punctele slabe și de punctele tari ale angajaților. Totul se reduce la comunicare.

CE VERSIUNE SĂ FOLOSIȚI?

Ar trebui să favorizați planificarea financiară sau relațiile de management? Dacă aceste două versiuni nu sunt compatibile, este dificil să le aplicați simultan. Mai presus de toate, MBO este un instrument pus în aplicare pentru participanți – manageri, directori executivi și directori generali. Depinde de aceste persoane să aleagă cea mai potrivită versiune de MBO.

Ce este un program MBO?

Există patru ingrediente principale care alcătuiesc un program de management prin obiective:

- (A) validarea obiectivelor specifice
- (B) procesul decizional participativ
- (C) un interval de timp stabilit de la început
- (D) feedback privind performanța.

Să luăm ca exemplu o întreprindere care dorește să își extindă activitățile.

- Pentru a atinge acest scop, trebuie stabilite obiective specifice și precise (A). Un aeroport, de exemplu, ar putea utiliza programul MBO pentru a determina ce este necesar pentru a crește numărul de clienți cu 3,5% pentru a mări numărul de porți de îmbarcare de la 12 la 14 în cursul anului. De asemenea, acesta poate planifica modul în care să își relanseze activitatea de transport de marfă prin cumpărarea de clădiri noi și renovarea a cinci dintre avioanele sale mai vechi.

- Procesul de luare a deciziilor ar trebui să fie participativ (B). Managerii din diferite departamente ale aeroportului ar trebui să decidă împreună ce obiective să stabilească și care este calendarul necesar pentru a le atinge.

- Managerii estimează că, pentru obiectivele pe care le-au stabilit, va fi nevoie de trei ani. Prin urmare, calendarul a fost stabilit de la început.

- În cele din urmă, pentru acest program, este necesar să se planifice o evaluare a performanţelor (D) privind obiectivele. Directorii aeroporturilor vor organiza întâlniri cu managerii cu privire la progresul angajaţilor din departamentele lor. Acest lucru se face doar la sfârşitul perioadei de timp specificate pentru îndeplinirea obiectivelor. Managerii şi angajaţii ar trebui să stabilească în mod regulat obiective precise pentru a-şi măsura şi controla eforturile. Întâlnirile de feedback sunt organizate după ce se analizează progresul programului şi se primeşte opinia directorilor şi a subordonaţilor lor. În cadrul reuniunilor de feedback pot fi acordate şi recompense.

ESTE ACEST SISTEM CU ADEVĂRAT EFICIENT?

Nu există un răspuns simplu la această întrebare. O serie de publicaţii nu susţin modelul MBO. Cu toate acestea, majoritatea sunt de acord cu următoarea afirmaţie: aplicarea MBO poate avea un efect pozitiv asupra performanţei lucrătorilor în unele cazuri.

Este esenţial ca lucrătorii să fie de acord cu obiectivele stabilite. Dacă sunt, stabilirea unor obiective şi mai înalte va duce întotdeauna la o performanţă mai bună decât cele cu obiective mai uşoare. Chiar dacă angajaţii care au fost de acord cu obiectivele nu le îndeplinesc întotdeauna, nivelul lor de performanţă este totuşi mai ridicat. Pentru a obţine acest rezultat, trebuie luaţi în considerare trei factori:

- **Importanţa feedback-ului.** Pentru a îmbunătăţi performanţele, un feedback eficient trebuie să fie oferit la momentul potrivit persoanei în cauză. Acesta vă permite să măsurați și să vă dați seama de eforturile depuse de individ, dar și să ajustați nivelul de dificultate al obiectivelor – dacă este prea ridicat sau prea scăzut.

- **Participarea.** Obiectivele stabilite sunt îndeplinite mai des atunci când acestea au fost stabilite de către conducere sau prin colaborare? Oricât de surprinzător ar părea, studiile au arătat că nu există nicio diferență între cele două cazuri. Obiectivele decise în colaborare sau obiectivele stabilite de conducere conduc ambele la rezultate similare. Din acest motiv, participarea nu este un factor determinant. Principalul lucru este ca angajații să accepte obiectivele, fără a contribui neapărat la ele. Cu toate acestea, este necesar să subliniem faptul că stabilirea obiectivelor în mod colaborativ le permite indivizilor să se implice, stabilindu-și uneori obiective mai înalte decât cele pe care le-ar putea avea managerii.

- **Implicarea directorilor.** Este, de asemenea, vital ca directorii de afaceri să fie implicați în acest proces, deoarece acest lucru le oferă managerilor responsabili de departamente încrederea necesară pentru îndeplinirea obiectivelor.

ROLUL ANGAJAȚILOR ÎN MBO

Veți afla că îmbunătățirea performanței într-o companie care utilizează MBO presupune ca angajatul să își recunoască obiectivele stabilite. Este la fel de important ca managerii din fiecare departament să explice în mod clar acțiunile necesare pentru a le atinge. Stabilirea acestor obiective este o abilitate managerială de top. Pentru a o face, trebuie să urmați anumiți pași:

Ce trebuie să fac?

Fiecărui angajat i se atribuie sarcini și obiective de îndeplinit. Alocarea ar putea fi bazată, de exemplu, pe calificările angajaților.

Cum îmi motivez angajații?

În primul rând, este important să se stabilească nivelul de performanță al angajaților în cauză. Apoi, puteți stabili țintele pe care aceștia trebuie să le atingă și stabiliți intervalul de timp pe care îl au la dispoziție pentru a-și îndeplini obiectivele. Managerul trebuie să fie întotdeauna realist atunci când estimează timpul necesar pentru a le îndeplini.

Implicarea activă a angajatului

Chiar dacă ultimul capitol ne-a învățat că nivelul de performanță al angajaților nu variază dacă obiectivele sunt stabilite de management sau în colaborare, implicarea angajaților oferă un avantaj: aceștia le vor accepta mai ușor. Totuși, această implicare trebuie să fie sinceră. Dacă un manager își face timp să consulte angajații atunci când stabilește obiectivele, el ar trebui să le asculte cu adevărat opiniile. Faptul că nu face acest lucru ar putea avea un efect negativ asupra performanței.

Să-și prioritizeze obiectivele

Este important să clasificați obiectivele stabilite în ordinea dificultății și importanței pentru a vă asigura că angajații le abordează în mod corespunzător. Pe de o parte, astfel se evită ca unii angajați să accepte doar sarcinile mai ușoare și să le abandoneze pe celelalte. Pe de altă parte, este, de asemenea, o modalitate de recunoaștere a persoanelor care sunt dispuse să abordeze sarcinile mai dificile (chiar dacă acestea nu sunt îndeplinite în cele din urmă).

Feedback-ul extrem de important

Feedback regulat, prin intermediul unor întâlniri organizate între persoane și manageri pentru a le evalua munca depusă până în acel moment. În acest fel, angajații vor ști dacă eforturile lor sunt suficiente pentru sarcinile care le-au fost stabilite.

Recompensa finală

În schimbul eforturilor lor, angajații vor aștepta o recompensă. Cu toate acestea, este important să îi faceți să înțeleagă că recompensele sunt legate de numărul de obiective îndeplinite, nu doar de numărul de ore petrecute pentru acestea. Procedând astfel, nivelul de satisfacție al angajaților tinde să crească.

LIMITE ȘI EXTINDERI ALE MODELULUI

LIMITELE ȘI CRITICILE MODELULUI

- **Incertitudinea sectorului.** MBO are anumite limite dacă este aplicat într-un sector prea instabil. De fapt, stabilirea modelului l-ar complica atât de mult încât ar deveni ineficient. De exemplu, sectoarele legate de creativitate (de exemplu, inovarea, cercetarea și dezvoltarea, producția artistică) sunt incompatibile cu modelul, deoarece este dificil de definit obiectivele. Poate un cercetător să își organizeze cu adevărat cercetarea în funcție de obiectivele stabilite? Având în vedere natura activității sale, obiectivele ar fi irelevante.

- **Evoluția structurilor de muncă.** Întreprinderile se îndepărtează încet-încet de structurile tradiționale: lucrătorii devin mai polivalenți, depind din ce în ce mai mult de alții pentru îndeplinirea obiectivelor care le-au fost stabilite, sunt acum repartizați în mai multe secțiuni ale organigramei etc. Aceste schimbări pun MBO în pericol, deoarece lucrătorii nu mai sunt gestionați de o singură persoană, ceea ce complică foarte mult utilizarea MBO.

- **Evoluția mediilor de lucru.** Societatea noastră a cunoscut multe evoluții de la crearea MBO. La început, managerii făceau planuri pe termen lung care erau în mod sistematic prea optimiste. În plus, între timp, crizele s-au înmulțit (de exemplu, crizele energetice de la începutul anilor '70 sau criza financiară din 2009). Aceste evoluții, inclusiv numeroasele progrese tehnologice, au perturbat ordinea existentă și, prin urmare, viziunile managerilor. Planurile stabilite în prealabil nu mai sunt adecvate.

Dincolo de limitele structurale ale procesului, MBO are criticii săi. Este cazul lui William Edwards Deming (medic și statistician american, 1900-1993). Potrivit acestuia, aplicarea MBO are un impact negativ asupra calității muncii angajaților. Angajatul încearcă să ducă la bun sfârșit obiectivul stabilit cu orice preț, fără a acorda atenție calității muncii. Alții spun că, dacă MBO motivează realizarea personală, nu este neapărat benefică pentru întreaga echipă: angajatul se poate concentra prea mult pe sarcinile pe care le are, uitând de obiectivele generale ale companiei.

În practică, este posibil să se rezolve unele dintre aceste probleme. Pentru a face acest lucru, managerii trebuie să insiste asupra calității tuturor lucrărilor. De exemplu, un vânzător de mașini nu trebuie să ia în considerare doar numărul de mașini vândute, ci și numărul de vânzări de modele de înaltă clasă. Pentru a evita aceste rezultate, managerii trebuie să supravegheze întotdeauna activitatea și să revizuiască obiectivele pentru a se asigura că acestea sunt încă relevante.

EXTENSII ȘI MODELE SIMILARE

Obiective SMART

Acesta este un dispozitiv mnemotehnic utilizat în cadrul modelului MBO. Metoda SMART este adesea folosită de manageri pentru a-i ajuta să își realizeze proiectele. De asemenea, ea poate fi integrată în managementul prin obiective. Un obiectiv include un indicator prin care puteți măsura performanța individuală și colectivă. Acest indicator de performanță trebuie să fie Specific, Măsurabil, Atingibil, Realist și Limitat în timp. Cu alte cuvinte, un obiectiv trebuie să fie SMART.

Management participativ

Această abordare managerială contravine viziunii științifice a muncii și se concentrează pe viziunea îngustă a oamenilor. Managementul participativ se bazează pe ideea că lucrătorul nu este o unealtă, ci un subiect psiho-emoțional. Întreprinderea este, de asemenea, un loc în care se creează reprezentări sociale. Teoreticienii acestui concept confirmă importanța dezvoltării unei "dimensiuni umane" a întreprinderii. Acest lucru ar putea fi realizat cu ajutorul cercurilor participative sau al cutiilor de sugestii. Ideea acestei evoluții este că managerii își pot atinge mai ușor obiectivele dacă implică însăși echipa. Pentru a instala această metodă de management, trebuie respectate principiile legate de un management echitabil.

Managementul echitabil

Principiile unui management corect se bazează pe un echilibru între performanța economică și respectul față de individ. Această percepție urmărește să stabilească o relație avantajoasă pentru ambele părți între manageri și angajați. Prin alegerea acestui tip de management, întreprinderea speră să stabilească o dinamică ambițioasă și coerentă, care să aibă sens și să se bazeze pe o organizare clară, adaptată, coerentă și progresivă. Principalul avantaj al acestei metode este utilizarea energiei și a talentului echipei. Relațiile interpersonale se bazează pe respect și recunoaștere reciprocă, nu pe o ierarhie. În sfârșit, managementul echitabil încurajează un management proactiv, capabil să facă schimbări eficiente și care are un puternic simț al eticii și al responsabilității sociale.

Managementul bazat pe valoare

Acest tip de management a apărut înainte de MBO. Este o teorie care se bazează pe ideea de cultură de afaceri. Este important de știut că acest tip de management nu este conceput pentru a schimba valorile companiei și nu este un caz de schimbare a culturii companiei. În schimb, punctul principal al managementului bazat pe valori este utilizarea culturii în cadrul companiei pentru a îmbunătăți performanța.

Managementul bazat pe competențe

După cum îi spune și numele, acest tip de management se bazează pe abilitățile fiecărui individ care conduce compania, fără a le gestiona sau dezvolta. Este necesar ca fiecare angajat să dezvolte una sau câteva competențe particulare în beneficiul structurii care îl angajează. Ideea acestei abordări este de a consolida capitalul uman al echipei, ceea ce necesită o bună activitate în domeniul resurselor umane – accentul este pus pe faptul că abilitățile angajaților individuali sunt folosite pentru binele echipei.

APLICAȚII ALE CONCEPTULUI

SFATURI

Acest capitol reunește etapele puse în aplicare pentru a aplica în mod eficient procesul de management prin obiective. Exemple concrete de aplicare demonstrează fiecare etapă.

Formularea obiectivului

Acest prim pas implică definirea rezultatului exact care trebuie atins și elaborarea unei metode de evaluare care să poată măsura și verifica în ce măsură a fost atins. În această etapă, cele trei întrebări (cine, ce, când) pot ghida procesul de gândire.

Exemplu:

- **Cine?** Un site de comenzi de mâncare online.

- **Ce?** Vrea să-și mărească clientela cu 15%.

- **Când?** În decurs de un an.

Specificarea obiectivelor

Exemplul de obiectiv poate fi restrâns prin specificarea cursului de acțiune și a instrumentelor și a sprijinului necesar pentru a-l atinge. De exemplu, unul sau câțiva dintre manageri sunt desemnați să îndeplinească obiectivul (obiectivele) şi se stabilesc termene intermediare.

Exemplu: Site-ul nostru de comenzi de mâncare decide să folosească publicitatea online pentru a-şi atinge obiectivul.

- Un manager este ales pentru a monitoriza achiziţionarea de spaţiu publicitar pe site-urile legate de Google.

- O primă evaluare a progreselor este planificată la sfârşitul primelor trei luni.

Şase reguli pentru a asigura utilizarea corectă a planului

În afară de stabilirea obiectivelor, este important să respectaţi şi aceste şase reguli:

- claritate

- relevanţă

- măsurabilitate

- termen limită

- realizabilitate

- acceptare.

Exemplu: În cazul afacerii noastre, managerul departamentului de publicitate trebuie să pună toate întrebările următoare.

- Este rezultatul aşteptat concret, identificabil, uşor de înţeles şi lasă loc de interpretare?

- Este relevant pentru politica companiei şi coerent cu alte decizii?

- Are măsuri de indicare care să o facă controlabilă?

- Este termenul limită o dată precisă pentru îndeplinirea obiectivului general sau termene individuale pentru fiecare acţiune?

- Mijloacele de acţiuni intermediare sunt suficiente (faza de specificare) şi managerii sunt capabili să le realizeze?

- Sunt de acord persoanele responsabile pentru realizarea obiectivelor?

Controlul acestor factori se poate face în două moduri: reglementarea procesului şi urmărirea progresului.

Odată ce toate aceste întrebări au fost puse, managerul poate contacta echipa sa pentru a organiza întâlniri care să încurajeze luarea deciziilor în mod participativ. În cazul afacerii de exemplu, vor fi organizate întâlniri cu întreaga echipă de marketing. Fiecare persoană îşi poate exprima apoi propriile idei pe care să le pună în aplicare. În această etapă, este vital să ne amintim importanţa acestor întâlniri. Managerul care le-a pregătit şi organizat se aşteaptă la beneficii reale care să contribuie la atingerea obiectivului companiei.

Feedback

Acest feedback nu ar trebui să aibă loc doar la sfârşitul perioadei de timp stabilite pentru atingerea obiectivelor. Pot fi programate întâlniri periodice pe tot parcursul procesului pentru a monitoriza gradul de realizare a obiectivelor stabilite în funcție de volumul de muncă acordat angajaților.

Exemplu: Se organizează întâlniri regulate între managerul responsabil de proiectul de publicitate și ceilalți directori. În cadrul acestor întâlniri se evaluează dacă resursele acordate departamentului sunt suficiente pentru ca acesta să atingă obiectivele stabilite.

Recompense

Dacă munca depusă este de bună calitate, aceasta poate fi recompensată. De asemenea, este important ca angajatul căruia i-au fost încredințate obiectivele să înțeleagă că această recompensă este direct legată de îndeplinirea lor.

STUDIU DE CAZ

Să analizăm un exemplu de aplicare a MBO, și a managementului în general, în două companii recunoscute la nivel mondial în prezent. Veți vedea că aceste aplicații pot fi foarte diferite în funcție de modul în care managerii au aplicat teoriile legate de MBO.

Apple

Între 1997 și 2001, când Steve Jobs (1955-2011) a fost director al Apple, strategia organizațională a companiei s-a bazat pe o puternică centralizare a informațiilor. Toată lumea primea ordine de la aceeași persoană, care făcea să circule informațiile așa cum dorea compania. În ceea ce privește MBO, obiectivele erau stabilite de o singură persoană, care apoi transmitea cererile fiecăruia dintre manageri:

- obiectivele managerilor, care depindeau direct de persoana aflată la vârful ierarhiei companiei, erau stabilite de superiorii lor;

- angajații au urmat ordinele primite de la managerii lor.

Managerii au beneficiat de puțină libertate de alegere în ceea ce privește modul de atingere a obiectivelor lor.

Această metodă s-a dovedit a fi eficientă și rapidă. Atunci când s-a comis o eroare:

- cei responsabili ar putea detecta rapid zona în care s-a făcut greșeala;

- impactul asupra comportamentului angajaților din diferite departamente a fost direct: acest tip de eveniment modelează cultura corporativă și îi obligă pe angajați să realizeze produsul finit.

Cu toate acestea, modelul are limitele sale. De exemplu, este dificil pentru persoana care conduce afacerea să gestioneze fiecare aspect, mai ales când produsele oferite sunt atât de variate. Dovada este că nu toate produsele Apple sunt de aceeași calitate: Prima generație Apple TV sau MobileMe au mai puțin succes decât celelalte produse ale companiei.

Google

Metoda Google, un pionier al "managementului 2.0", oferă o aplicație a MBO care este destul de diferită de primul exemplu.

Firma a fost întotdeauna cunoscută pentru politica sa de recrutare, care favorizează în mod deosebit cadrele universitare. Fondatorii săi, ingenioșii ingineri informaticieni Larry Page și Sergueï Brin, ambii născuți în 1973, sunt ei înșiși recrutori. Pentru o vreme, principalul criteriu pentru a obține un loc de muncă acolo era să ai un doctorat, deoarece acest lucru ar fi garantat autonomia față de angajați. De fapt, universitarii sunt obișnuiți să lucreze singuri și să rămână productivi. Sistemul Google este mult mai descentralizat decât cel al majorității celorlalte companii: în loc să se bazeze pe ierarhie, se bazează pe un număr mare de indivizi. Într-un fel, acest sistem a fost foarte eficient, deoarece a permis Google să dezvolte o serie de servicii precum Gmail sau Google Reader. Nevoia de organizare generală și ierarhică este mai mică, deoarece sistemul se bazează pe capacitatea fiecărui individ de a-și stabili propriile obiective.

Încă o dată, acest sistem are defectele sale. O companie descentralizată, fără o direcție coordonată, în continuă mișcare și care subminează eforturile depuse, se poate transforma într-un dezastru. În acest caz, s-au văzut principalele limite:

- În derularea anumitor proiecte ale companiei. De exemplu, unele servicii nu aveau interlocutori clar definiți și păreau împrăștiate.

- Când compania a crescut și a fost necesară revizuirea sistemului organizațional. De atunci, Google a încetat să mai recruteze doar doctoranzi. S-au schimbat și metodele de management și procesul de stabilire a obiectivelor.

REZUMAT

- Managementul prin obiective (MBO) este un proces prin care managerii ierarhici și angajații lor stabilesc obiective și negociază acțiunile și termenele necesare pentru a le îndeplini.

- Acest concept a apărut pentru prima dată în anii '50, când companiile americane aveau mari dificultăți în a stabili o organizare clară.

- Cărți de referință: *Management by Objectives* de Peter Drucker, *Management by Objectives in Action* de John William Humble și *Direction participative par objectifs* de Octave Gélinier.

- Avantaj: Dacă MBO este aplicat corect, acesta poate îmbunătăți performanța unei organizații și satisfacția angajaților.

- Dezavantaj: Acest tip de management este dificil de aplicat într-un mediu instabil și nu se poate adapta la evoluțiile mediului de lucru.

- Extensii: Modele SMART, managementul participativ, managementul bazat pe valoare și managementul bazat pe competențe.

- Sfaturi: Urmați metoda SMART: un obiectiv trebuie să fie specific, măsurabil, realizabil, realist și limitat în timp.

- MBO este conceput pentru managerii de resurse umane, managerii de vânzări, managerii operaționali, managerii de proiect, consultanții interni și externi etc.

- 27 -

- MBO este conceput pentru managerii de resurse umane, managerii de vânzări, managerii operaționali, managerii de proiect, consultanții interni și externi etc.

LECTURI SUPLIMENTARE

BIBLIOGRAFIE

Alexandre-Bailly, F., Bourgeois, D., Gruère, J-P., Raulet-Croset, N., Roland-Lévy, C. și Tran, V. (2013) *Comportements humains et management.* [ediția a 4-a]. Londra: Pearson.

Amaury. (2012) Management d'entreprise : trois exemples que tout oppose. *De geek à director tehnic.* [Online]. [Accesat la 25 iunie 2014]. Disponibil la: <http://www.geek-directeur-technique.com/2012/07/04/management-dentreprise-trois-exemples-que-tout-oppose>.

Delavallée, E. (2009) Management par les objectifs. *Manager-par-les-objectifs.fr.* [Online]. [Accesat la 25 iunie 2014]. Disponibil la: <http://www.manager-par-les-objectifs.fr/>.

Drucker, P. (1954) *The Practices of Management.* New York: Harper & Row.

Gélinier, O. (1980) *Direction Participative Par Objectifs.* Paris: Éditions Hommes et techniques.

Guilbert, P. (2008) *Le B.A.-Ba du management.* Bruxelles: De Boeck.

Humble, J. W. (1970) *Managementul prin obiective în acţiune.* Londra/New York: McGraw-Hill Book Co Ltd.

Pericchi, J. (1992) *Guide du Management.* Paris: Édition du Seuil.

Robbins, S. și Decenzo, D. (2004) Management. *L'essentiel des concepts et des pratiques.* Londra: Pearson Education.

Rodgers, R. și Hunter, J. E. (1991) Impactul managementului prin obiective asupra productivității organizaționale. *Jurnalul de psihologie aplicată.* 76(2).

Stahl, R. (2013) *Management, formation et travail en équipe. Pratiques issues du coaching et de l'intelligence collective.* Bruxelles: De Boeck.

Editorul asigură fiabilitatea informaţiilor publicate,
care nu ar putea însă angaja răspunderea sa.

Master ISBN: 9782808600996
Hârtie ISBN: 9782808602440
Depozit legal: D/2022/12603/245

Design digital: Primento,
partenerul digital al editurilor.